Nids et nichoirs
de mon jardin

Bernard LELEU

2021

Toute ressemblance avec d'autres nichoirs est possible,
mais les nichoirs sont réellement des nichoirs de mon jardin

Mon projet n'était pas de réaliser un inventaire des espèces d'oiseaux, ni d'affirmer des vérités qui se voudraient scientifiques. Ce livret est le recueil d'un bon nombre d'années d'observations de nos voisins ailés et d'expériences plus ou moins réussies dans la fabrication de nichoirs et la mise en œuvre de caméras pour pouvoir observer le comportement des habitants.

Avoir des oiseaux dans un nichoir n'est pas gagné d'avance. Les invitations ne sont pas systématiquement honorées. D'abord, tous les oiseaux ne nichent pas dans des nichoirs, ensuite il faut que le nichoir soit adapté à l'espèce (taille, trou d'envol, situation, exposition, etc.), et enfin que le nichoir plaise au couple et surtout à la dame !

Les **rougequeues** sont des oiseaux semi-cavernicoles. Ils recherchent des anfractuosités plus ou moins ouvertes et souvent protégées par un surplomb, un toit par exemple. On peut les retrouver dans le trou d'un mur créé par l'absence d'une solive. Ce sont donc rarement des clients pour des nichoirs fabriqués par nos petites mains.

Le Rougequeue noir est avant tout un insectivore qui se nourrit de divers invertébrés terrestres, principalement d'insectes et de larves, mais également d'araignées, de millepattes, de petits mollusques, de petits lombrics, etc.

Le nid est installé sur le compteur électrique dans un appentis…
Le mâle est beaucoup plus coloré que la femelle.

Le **faucon crécerelle** niche souvent dans des trous de murs, mais aussi sur des balcons dans des jardinières. Ci-contre 2 juvéniles.

Le Faucon crécerelle est un prédateur de petits mammifères. Il peut aussi chasser des lézards et des gros insectes, ou encore des petits oiseaux, et même de jeunes merles ou tourterelles.

La **bergeronnette des ruisseaux** est très dépendante de l'eau. Le couple a fait son nid sous la toiture de la bâtisse au bord de l'eau. Elle est insectivore au sens large. Elle se nourrit principalement d'insectes à larves aquatiques et de ces dernières, éphéméroptères, trichoptères, plécoptères, odonates, diptères, etc. Elle capture aussi des gammares, crustacés amphipodes, et de petits mollusques. Pour cela, elle déambule en eau peu profonde ou chasse sur la terre voisine. Elle est capable de capturer des insectes en vol.

Le **troglodyte mignon** est tout petit mais c'est un insectivore vorace. Son nid est souvent constitué d'une boule de mousse dans un trou de mur ou dans un nid d'hirondelle. Il n'est pas un client facile pour nos nichoirs, ni pour les photos car il est toujours en mouvement…

Nid d'hirondelle squatté par les troglodytes,
puis par les araignées…

La **fauvette à tête noire** aime nicher dans les haies. C'est dans une haie de laurier qu'ont été prises ces photos. Elle est insectivore et frugivore. Son chant, mélodieux et sonore, est remarquable.

Le mâle participe en couvant (ci-contre)
Ce n'est pas non plus un bon client pour les nichoirs.

Il y a aussi tous les oiseaux qui passent ou vivent dans le jardin sans même qu'on puisse les voir, ou alors de manière fugace. La **huppe fasciée**, magnifique qu'on entend dans les grands arbres « oup, oup, oup », le **rouge-gorge**, familier mais discret, la **mésange huppée**, une jolie mésange méconnue et qu'on voit peu souvent, le **geai**, redoutable prédateur pour les petits oiseaux, **l'accenteur mouchet**, constamment en mouvement, reconnaissable à son bec fin, les **pics, pic mar, pic épeiche, pic vert**, toujours à tambouriner à la recherche de nourriture. Ces oiseaux cherchent le plus souvent des endroits plus à l'écart des humains et il n'est pas facile de leur construire un logement adéquat.

Il ne faut pas oublier les pigeons, les merles, les étourneaux, les tourterelles, les chouettes hulotte et effraie, les corneilles, les pies et les autres qui vivent à peu de distance, certains dans le jardin, et qui viennent « faire leurs courses » à proximité, en se nourrissant des graines mises à disposition ou encore en profitant des proies attirées par ces mêmes graines.

Le **grimpereau** est très adapté à la vie sur les troncs et les branches des arbres. Ils s'y déplacent uniquement de bas en haut par petits bonds en s'agrippant à l'écorce avec leurs ongles et se servent de leur queue comme appui quand ils sont à l'arrêt. Ils sont incapables de descendre la tête en bas comme les sitelles. Mâle et femelle sont identiques et leur plumage les camoufle très efficacement. Leur long bec courbe leur sert à la recherche de nourriture. Ils inspectent les anfractuosités et interstices de l'écorce pour trouver leurs proies, ils attrapent aussi les papillons et autres petits insectes volants.

Le nichoir dans lequel ils ont habité est constitué d'une buche évidée à la tronçonneuse et fermée avec des planches ajustées à la cavité, une feuille de cuivre servant de couverture. Une feuille de zinc ou de plastique aurait pu convenir.

Ci-dessous, l'un des parents apporte un papillon, une autre fois une fourmi. Sur la photo de droite, on peut remarquer l'évacuation du sac fécal, une poche de mucus blanchâtre qui contient une déjection, ce qui permet de conserver le nid propre.

Les grimpereaux sont quasiment invisibles sur les troncs d'arbres.

Le **rouge-queue à front blanc** est un oiseau migrateur qui passe l'hiver en Afrique centrale. C'est un insectivore qui se nourrit beaucoup de chenilles, mais son régime comprend aussi des baies et des petits fruits en été.

Il apprécie les nichoirs au même titre que les mésanges et les sitelles. La photo ci-contre montre le mâle en phase d'approche dans ce nichoir qui avait déjà hébergé des mésanges bleues l'année précédente.

La femelle est nettement moins colorée que le mâle.

Ce nichoir a servi pendant plusieurs années à différentes familles, la réservation faisant parfois appel au coup de ~~poing~~ bec.

Des rouges-queues à front blanc sont revenus en 2014 (les mêmes ?) dans un autre nichoir équipé d'une caméra, mais l'éclairage insuffisant basculait la prise de vue en infra-rouge (ci-dessous, photos extraites de vidéos).

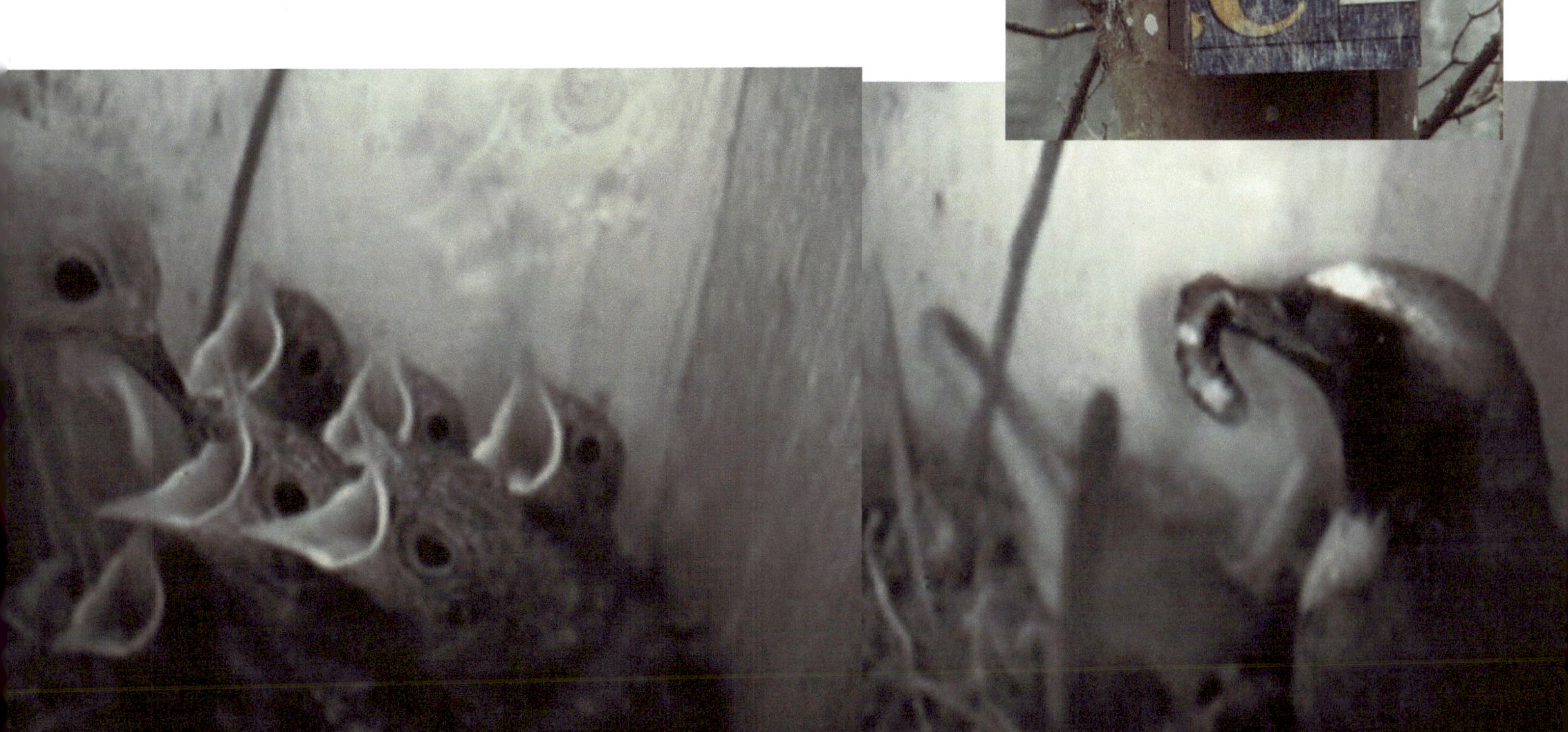

Les **mésanges charbonnières** sont des locataires les plus courantes des nichoirs préfabriqués. Elles acceptent toutes les formes, toutes les couleurs, tous les styles, tous les matériaux.

28

Il n'est pas nécessaire de vider les nichoirs, car les mésanges font toujours un grand ménage avant de construire le nid. Mais parfois il reste des oisillons morts déplacés sous le nid par les parents, cadavres qui attirent toutes sortes de parasites. Donc, il vaut mieux nettoyer les nichoirs à la fin de l'été, avant qu'ils ne soient utilisés comme simples dortoirs pendant la saison froide.

Pour dormir, la mésange fait ressortir le duvet du dessous des plumes pour s'y blottir.

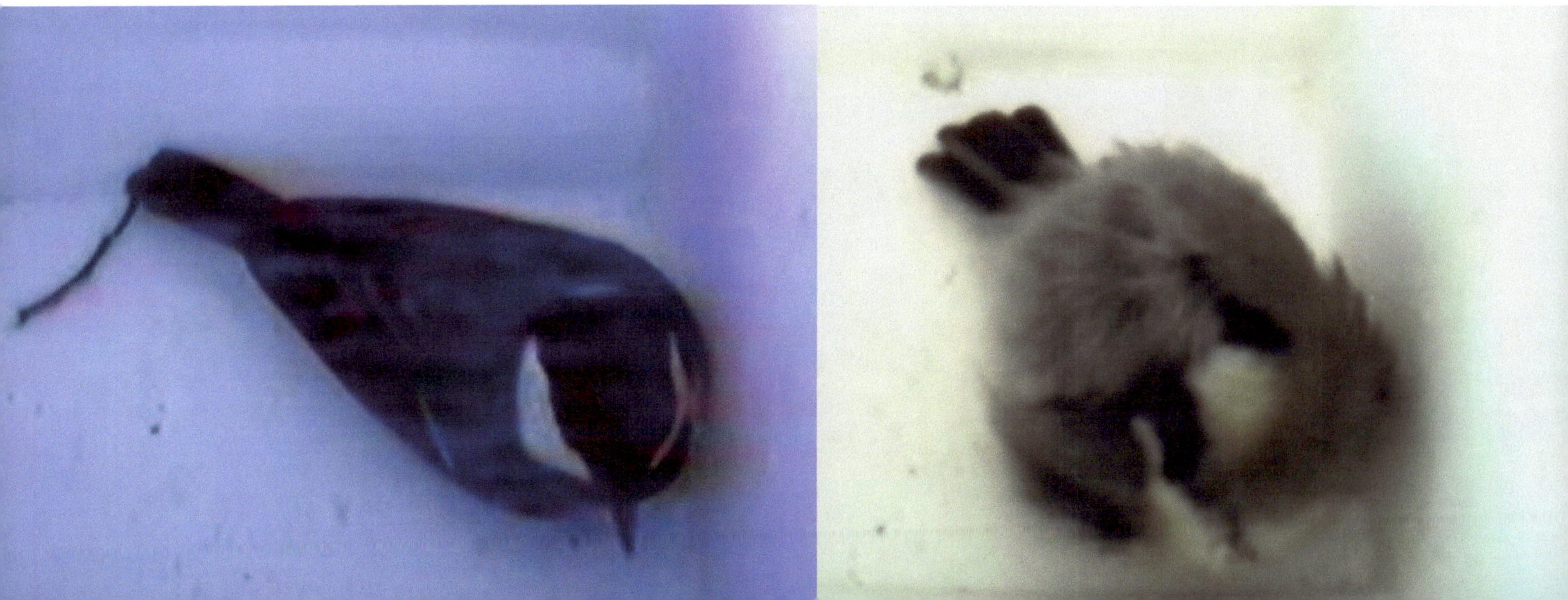

Un simple nichoir en planche suffit au bonheur des oiseaux. Pas de peinture ni de produits fongicide ou insecticide à l'intérieur. A l'extérieur, presque tout est permis, mais il est préférable d'utiliser des matériaux de récupération, plus inertes que des neufs.

Les **mésanges bleues** sont aussi de « bonnes clientes » pour les nichoirs !
Ci-contre un juvénile sorti du nid le jour même. Les mésanges bleues peuvent
pondre plus de 12 œufs, parfois jusqu'à 16, mais tous les œufs n'éclosent pas.

Les mésanges bleues se contentent de petits nichoirs : quelques bouts de planches, un toit étanche, un emplacement dégagé à l'abri du soleil au zénith. On voit ci-dessous l'arrivée avec une chenille et le départ avec un sac fécal. Il faut noter que les coquilles des œufs, au moins les premières, sont souvent mangées par la femelle. Il en est de même pour les premières déjections qui sont avalées par les parents. Ensuite, les sacs fécaux sont emportés loin du nid.

Les **sitelles torchepot** sont des oiseaux étonnants. Elles arrivent à descendre le long des troncs la tête en bas ! Elles coincent les graines dans l'écorce des arbres pour mieux les décortiquer avec leur bec puissant. Elles apprécient les nichoirs qu'elles disputent aux mésanges dans des combats impressionnants.

La particularité des sitelles tient à leur nom : torchepot, car elles maçonnent l'entrée de leur nid/nichoir avec de la glaise. Mais pas que l'entrée… Elles maçonnent aussi tout ce qui ne leur plaît pas.

J'avais installé un nichoir avec une caméra à l'intérieur. Le couple de sitelle avait commencé le nid et avait maçonné la caméra en plus du trou d'entrée. On ne voyait plus rien ! J'ai été amené à enlever plus d'un kg de terre devant et autour la caméra. Le nid n'est pas soigné comme celui des mésanges, c'est un amas de feuilles sèches. Dix minutes après avoir refermé le nichoir, les sitelles reprenaient leur travail.

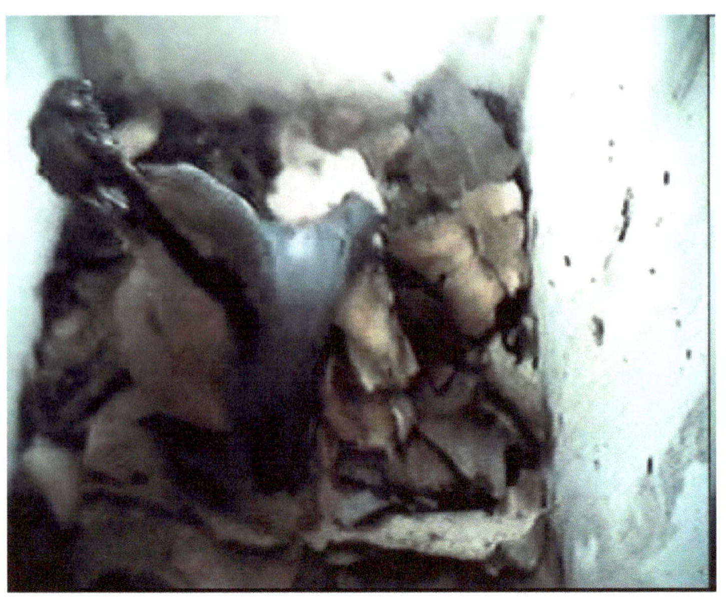 

Photos extraites de vidéos. On peut remarquer la taille du morceau de glaise dans le bec de la sitelle.

 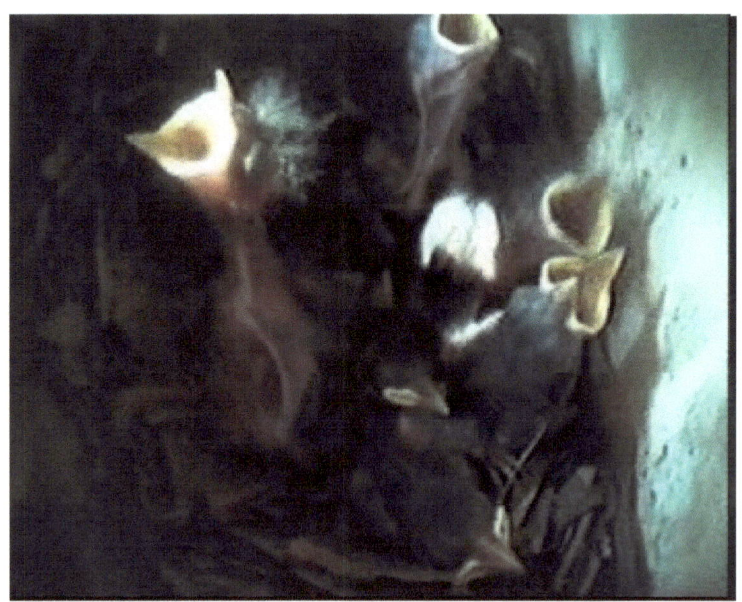

On ne peut pas confondre la sitelle torchepot tant elle est reconnaissable. Ce qui la particularise le plus, c'est son attitude, toujours en porte-à-faux sur ses pattes solidement accrochés sur les branches. Insectivore, elle apprécie aussi les graines et les fruits.

Les **écureuils** ne doivent pas être oubliés, car ils occupent une place importante dans mon jardin. Ils utilisent plusieurs nichoirs de façon ponctuelle pour y faire une sieste ou y passer quelques nuits, mais je ne pense pas qu'ils y aient eu des petits. Quoi qu'il en soit, c'est toujours un régal de les voir évoluer dans les arbres.

Ci-contre des vues extraites d'une vidéo d'un écureuil pénétrant par l'entrée latérale d'un nichoir. Après plusieurs voyages, la fatigue l'a saisi.

Si les écureuils ressemblent à des petites boules de poils bien sympathiques, ce sont des opportunistes qui peuvent apprécier des œufs ou des oisillons quand la fin les tenace. Ils peuvent ainsi vouloir entrer dans les nichoirs des petits oiseaux. Il en est de même d'autres prédateurs tels que les pics.

Ci-dessous un nid d'écureuil construit de branches et de feuilles.

Il a déchiqueté l'ouverture !

Il (un autre ?) a aussi déchiqueté ce nichoir pour y faire la sieste !

Les pics tentent aussi de pénétrer dans les nichoirs. Ci-dessous un **pic mar** qui s'acharne à vouloir agrandir le trou d'entrée de ce nichoir habituellement utilisé par des mésanges bleues, peut-être pour y habiter, ou plus simplement pour y traquer quelques insectes.

J'avais construit un grand nichoir (ci-contre) avec une caméra à l'intérieur, dans l'espoir d'y voir s'installer une famille d'écureuils. Les visites ont été nombreuses : mésanges, étourneaux, pic vert, écureuils. Finalement, un écureuil y a installé son « atelier » : pendant des périodes de plusieurs jours, il apportait des petites branches mortes de tilleul qu'il déliassait pour en faire une sorte de foin. Ensuite il emportait (il livrait ?) des boules de foin à l'extérieur, certainement dans d'autres nids, les écureuils ayant plusieurs nids. Il a recommencé ce travail plusieurs fois.

Ci-dessous une boule de foin apportée dans un autre nid.

Les nichoirs.

La demande est forte en début d'année. A partir de février, les oiseaux commencent à tourner autour des logements potentiels, pour des installations fin mars et une première éclosion à partir de mi-avril.

Les écureuils sont des mammifères. L'accouplement a lieu en hiver, la gestation dure une quarantaine de jours, et les petits restent près de 2 mois au nid. Les nichoirs doivent être prêts à l'automne.

Quels matériaux ? Tout est possible ! Eviter des matériaux glissants à l'intérieur, car il faut que les petits puissent accéder à la sortie. Le petit perchoir à l'entrée n'est pas indispensable, mais ça fait joli, il faut laisser faire la créativité…

La dimension du trou d'entrée ? 60mm pour les écureuils, 28 à 32 pour les sitelles, 28 pour les mésanges charbonnières, 26 à 28 pour les mésanges bleues. Il est possible de protéger le trou d'entrée par une bague en métal ou un anneau en bois dur. Mais le risque est faible et il faut éviter que les oiseaux ne puissent s'accrocher sur le bord du trou.

L'orientation ? Pas en plein soleil, ni trop à l'ombre, jamais en courant d'air, l'idéal étant de recevoir les rayons du matin, mais les animaux sont moins difficiles que les humains…

La hauteur fait partie de la protection contre les prédateurs, 2 mètres pour les oiseaux, beaucoup plus haut pour les écureuils.

Un nichoir, c'est bien, mais pouvoir regarder à l'intérieur, c'est mieux !

MINI CAMERA
CE
MINI CAMERA
CE
YONG SHI MINI CAMERA
Camera
CCTV CAMERA
CCTV

Le matériel vidéo.

Quand on veut installer une caméra dans un nichoir, il faut du matériel.

J'avais commencé cette aventure il y a déjà une quinzaine d'année. A l'époque, on trouvait du matériel en provenance de Chine, mais rien n'a réellement changé, car le matériel vient toujours de Chine, même s'il a bien évolué.

Le principe reste toujours le même :

- Une caméra filme le nid.

- Elle est alimentée en électricité basse tension.
- Elle envoie un flux vidéo et audio.

- Entre les deux, plus ou moins de matériel et de logiciel…

- Un récepteur affiche les images.

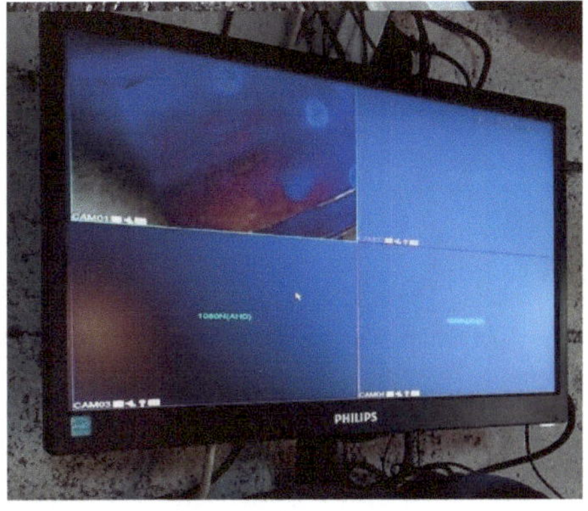

- Il les reçoit de la caméra.
- Il est alimenté en électricité.

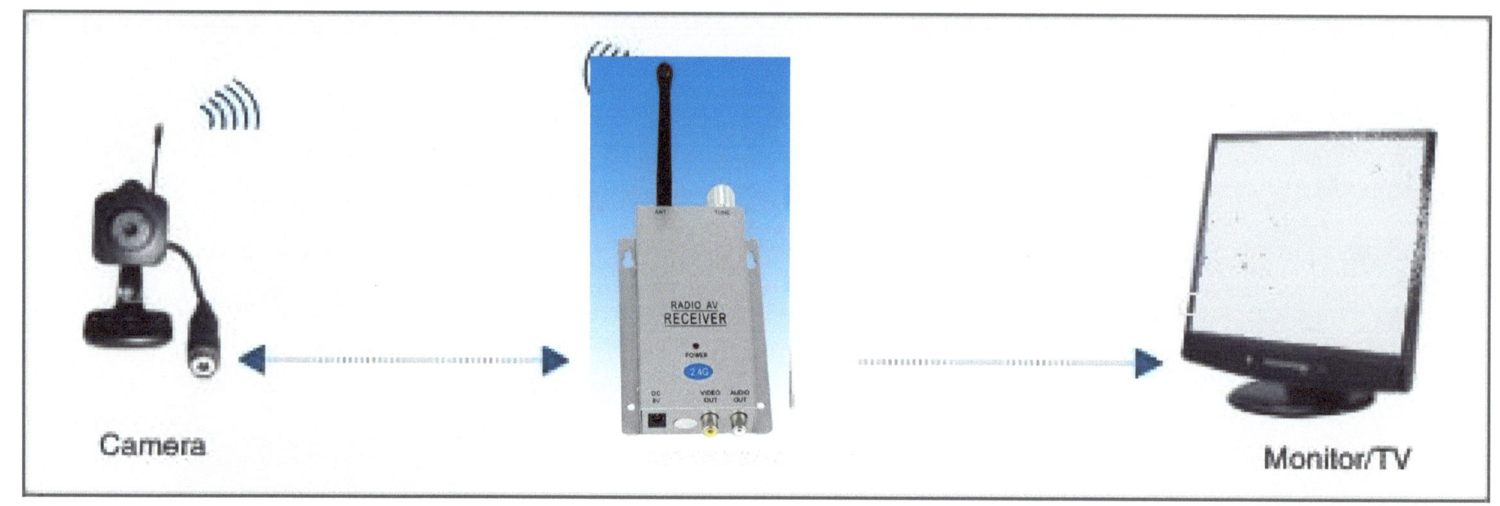

RADIO AV
RECEIVER
POWER
2.4G
ANT
TUNE
DC
9V
VIDEO
OUT
AUDIO
OUT
Camera
Monitor/TV

La caméra.

- Avec ou sans fil ?

J'avais opté au début pour des petites caméras sans fil. Il fallait donc un récepteur pour passer les images sur un écran ou un téléviseur. La manque de stabilité des images m'a rapidement fait choisir des caméras filaires, d'autant plus qu'il fallait déjà passer un câble électrique pour alimenter le petit transformateur de la caméra.

- Infrarouge ou pas ?

Sans infrarouge, pas d'image la nuit ou par temps couvert. Il en est de même dans les nichoirs où la lumière n'entre que par le trou d'entrée. Méfiance quand même sur les caméras vendues « infrarouge » et qui n'offrent pas la fonctionnalité.

Finalement, j'utilise maintenant des caméras dites « caméras dômes » (ci-contre) avec des LED infrarouges. Ces caméras sont protégées dans des sphères qu'on peut orienter assez facilement. La qualité de l'image est légèrement supérieure aux précédentes. Ce sont des matériels utilisés dans les systèmes de surveillance (magasins, maisons, etc.). Elles présentent aussi l'avantage d'un nettoyage facile de la vitre de protection. Entre 10 et 30€.

Le nichoir.

Il faut un minimum de lumière naturelle pour avoir des images en couleur, sinon la caméra bascule automatiquement en infrarouge.

Il faut aussi pouvoir loger la caméra et la connectique : prise 220v, transformateur basse tension, raccord RCA.

Dans le grand nichoir destiné aux écureuils, à gauche, j'ai fixé la caméra sur un plan incliné dans la partie haute, toute la connectique étant caché derrière le plan incliné. Le nichoir s'ouvre par la façade montée sur des charnières. Il y a 2 ouvertures, une en façade et une sur le côté, d'environ 60mm de diamètre qui laissent entrer la lumière la journée.

Dans les nichoirs destinés aux oiseaux, comme celui de droite sur la page ci-contre, la caméra est fixée sur la partie verticale (un ancien modèle sur la photo) et le plan incliné cache la connectique. Cette configuration permet d'utiliser un rectangle translucide (plexiglass, polycarbonate) en toiture afin d'avoir un minimum de lumière.

Il est aussi possible de créer une fenêtre translucide sur la façade ou sur le côté comme sur ce nichoir réalisé dans une boîte récupérée dans un débarras. →

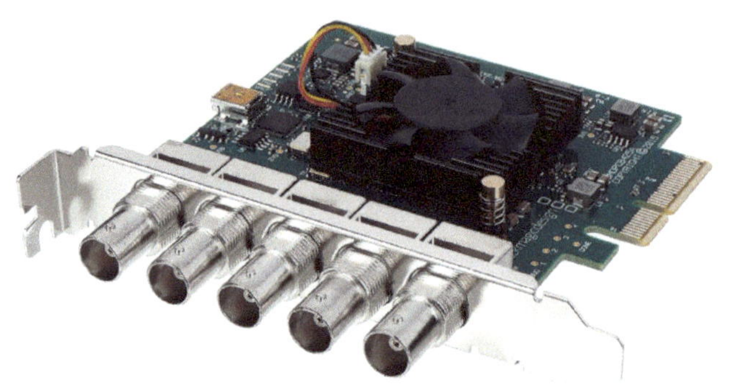

FLOUREON
ESC
Enter
IR
PWR
HDD
REC
INFO
PTZ
PLAY
MENU
AHD-High Definition Video Recorder

RJ45
7
5
3
1
8
6
4
2
VIDEO IN
AUDIO OUT
1
2
3
4
AUDIO IN
VGA
HDMI
USB MOUSE
USB2.0
485T-
485T+
DC 12V

La réception des images, l'enregistrement.

Le procédé le plus simple est de brancher directement le câble RCA de la caméra sur un écran ou un téléviseur. Ça fonctionne bien, mais sans possibilité d'enregistrement.

J'ai utilisé des cartes d'acquisition à enficher dans l'ordinateur avec des logiciels associés brutes des fonderies chinoises. J'ai utilisé aussi des cartes d'acquisition USB. Dans les 2 cas, il faut un ordinateur à proximité et l'installation intérieure devient très vite invasive.

J'utilise maintenant des enregistreurs de vidéosurveillance (moins de 60€), qui intègrent un logiciel spécialisé qui permet un paramétrage particulièrement approfondi : détection de mouvement sur une zone définie, programmation du délai du démarrage de l'enregistrement préalable à la détection de mouvement, de la durée de la séquence d'enregistrement. Il est aussi possible de travailler en réseau. Ce sont de véritables ordinateurs, mais dédiés à une seule fonction, la vidéosurveillance.

Il suffit de brancher le câble RCA de la caméra au dos de l'enregistreur, ainsi qu'un écran et une souris. Il ne reste plus qu'à paramétrer…

Un grand merci à tous mes petits voisins qui m'ont permis de réaliser ce livret.

Toutes les photos ont été prises dans le jardin.

D'autres publications sur Amazon Bernard Leleu

D'autres vidéos sur YouTube Bernard Leleu

D'autres photos et vidéos sur le site http://cotenichoirs.free.fr

Contact sur ce site